TOP TEN

LOS DIEZ
VOLCANES
MÁS EXPLOSIVOS

algar

¡EMPEZAMOS!

¡EL TOP TEN DE LOS VOLCANES MÁS EXPLOSIVOS ES IMPREVISIBLE!

¿Sabrías colocar en el primer puesto
el volcán más estruendoso?

¿O el que es capaz de lanzar gas y ceniza más lejos?

¿Y si estás equivocado?

Navega por las páginas de este libro para escalar el ranquin
y entender cómo están hechos los volcanes, por qué
entran en erupción y cómo lo hacen.

EN RESUMEN: SI CREES CONOCERLO YA TODO, QUE SEPAS QUE TODAVÍA TE QUEDAN SORPRESAS POR DESCUBRIR, Y SON... ¡EXPLOSIVAS!

ARMA LETAL

CURIOSIDAD

Busca estos símbolos para descubrir
CURIOSIDADES sorprendentes y las
CARACTERÍSTICAS LETALES que hacen
que estos **DIEZ VOLCANES** ¡sean dignos de
nuestro **TOP TEN**!

¡EL NIVEL DE PELIGROSIDAD IRÁ CRECIENDO DE LA POSICIÓN **10**
AL TERRIBLE NÚMERO **1**!

Antes de empezar, me gustaría presentarme: me llamo **SAL**, ¿y tú? Debes saber que, según la **LEYENDA**, las salamandras como yo tendrían la capacidad de vivir entre las llamas y la lava. Nada más lejos de la realidad, ¡tiemblo solo de pensarlo! Pero los volcanes me interesan mucho, por eso los he estudiado a fondo y **QUIERO ACOMPAÑARTE MIENTRAS DESCUBRES MÁS SOBRE ELLOS.** ¿Empezamos con un juego sencillo?

Los volcanes nacen cada vez que el **MAGMA**, es decir, la roca fundida incandescente que se encuentra en las **PROFUNDIDADES DE LA TIERRA**, se filtra por alguna grieta de la corteza terrestre.

Sin embargo, puede pasar mucho tiempo entre una **ERUPCIÓN** y otra. En función de su **ACTIVIDAD**, los volcanes se llaman...

¡DESCÚBRELO SIGUIENDO LAS LÍNEAS TRAZADAS!

VOLCÁN ACTIVO

No ha erupcionado en los últimos 10 000 años y es poco probable que lo haga en el futuro.

VOLCÁN DURMIENTE

Ha entrado en erupción en los últimos 10 000 años o tiene algún tipo de actividad.

VOLCÁN APAGADO

No ha erupcionado en los últimos 10 000 años, pero podría hacerlo.

¿Y EL VOLCÁN MÁS GRANDE?

En este libro descubrirás volcanes realmente explosivos, pero... **¡NO ENCONTRARÁS EL VOLCÁN MÁS GRANDE DEL MUNDO!** ¿Sabes por qué? Porqué el gigante hawaiano **MAUNA LOA**, como muchos otros volcanes similares, no tiene una actividad peligrosa y eso depende del tipo de **LAVA** que produce.

De hecho, en el caso de los volcanes hawaianos, a diferencia de sus «colegas» más explosivos, la **LAVA** expulsada es **MUY LÍQUIDA** y **POCO VISCOSA**, y cuando sale del **CRÁTER** se desplaza lenta y tranquilamente a lo largo de las laderas del volcán, recorriendo mucho trecho, como lo haría el agua de un río. De ese modo, todos los **GASES** contenidos pueden dispersarse por el aire sin causar **EXPLOSIONES** ni daños.

TIPOS DE VOLCANES

Si la palabra **VOLCÁN** te hace pensar rápidamente en una montaña que echa humo, vas bien encaminado, pero recuerda que no siempre es así...
De hecho, los volcanes pueden presentar diferentes formas y tamaños.
Los factores que deciden el aspecto final de un volcán son, principalmente, la **DURACIÓN DE LA ERUPCIÓN**, la **CANTIDAD DE MATERIAL** que se derrama y el **TIPO DE LAVA QUE EXPULSA**, que, una vez que se enfríe, se transformará en roca dura.

PODEMOS SUBDIVIDIR LOS VOLCANES EN CATEGORÍAS SEGÚN ALGUNAS CARACTERÍSTICAS COMUNES. ¡ESTAS SON LAS PRINCIPALES!

En escudo

En muchos volcanes, la lava se expulsa a temperaturas muy altas (todas las lavas son calientes, pero estas ¡todavía lo son más!) y es bastante **FLUIDA**, por lo que se desplaza a lo largo de decenas de kilómetros antes de enfriarse. La forma de estos volcanes, muy anchos y nunca demasiado altos, recuerda a la de un **ESCUDO** que descansa en el suelo.

En las islas Galápagos hay volcanes en escudo antiguos. ¡Tienen una edad comprendida entre los 700 000 años y los 4,2 millones de años!

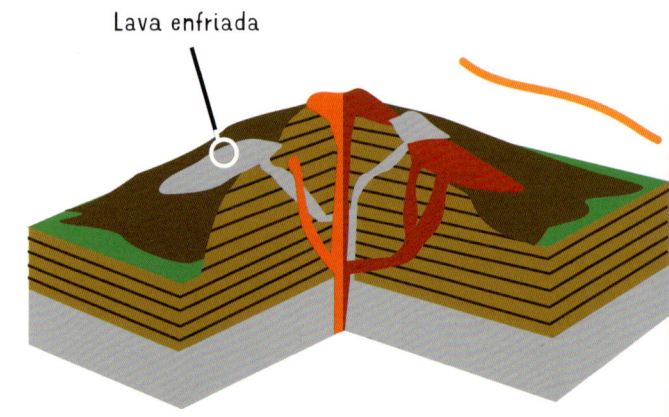

Lava enfriada

Fisura volcánica
(o volcán fisural)

Muchos volcanes submarinos son simples fisuras que se encuentran sobre grandes cadenas volcánicas, como la dorsal mediooceánica que atraviesa todo el Atlántico de norte a sur.

En estos volcanes la lava se vierte desde una estrecha **FISURA** de apenas un metro de ancho, pero que puede llegar a alcanzar varios kilómetros de largo. La fisura es una **FRACTURA** que se adentra a grandes profundidades en el corazón de la Tierra.

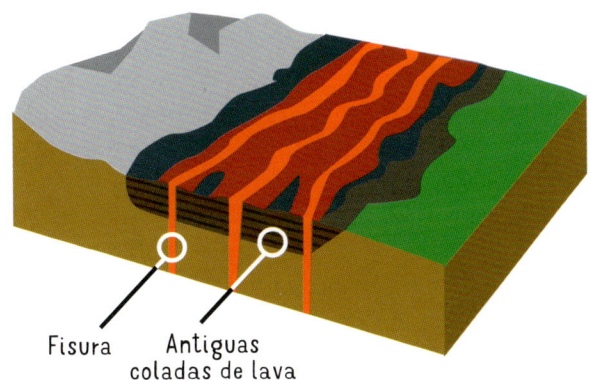

Fisura   Antiguas coladas de lava

Cono o estratovolcán

Solo los **VOLCANES MÁS EXPLOSIVOS** tienen esta forma cónica en la que la **LAVA VISCOSA** se desplaza muy lentamente y crea una montaña de pendiente muy empinada. Si se alternan erupciones violentas y erupciones más tranquilas, nace un **ESTRATOVOLCÁN**, compuesto por **CAPAS SUPERPUESTAS** de cenizas y de lava solidificada.

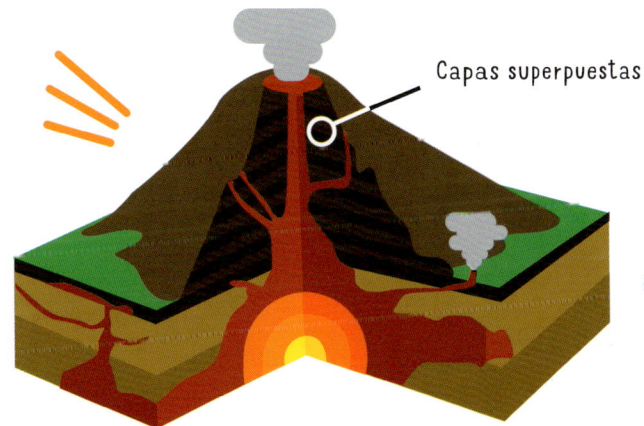

Capas superpuestas

El monte indonesio Kawah Ijen, compuesto por varios estratovolcanes, tiene una particularidad única: expulsa lava azul, un color que se debe a la gran cantidad de azufre que contiene.

10

EYJAFJALLAJÖKULL

ALTURA: 1 666 metros

> Eyj... Ayja... Eyjafjall... No me sale... ¡Es demasiado difícil!

¿Puede un volcán bloquear medio continente? Eso hizo este volcán islandés el 15 abril de 2010, cuando la inmensa **NUBE DE CENIZA** producida por su erupción cerró los aeropuertos y el tráfico aéreo de muchos países de Europa. Pero este volcán supone un peligro añadido: buena parte del Eyjafjallajökull está cubierto de un **GLACIAR** cuyo rápido deshielo durante una erupción ¡podría generar **INUNDACIONES** catastróficas!

TIPOLOGÍA:
Estratovolcán (si no recuerdas su significado, vuelve a leer la explicación de la página anterior)

LOCALIZACIÓN:
Islandia

ÚLTIMA ACTIVIDAD:
2010

ARMA LETAL

Jökulhlaup es la palabra
islandesa para describir las
terribles inundaciones que
puede provocar el deshielo
de los glaciares que recubren
muchos de sus volcanes.

CURIOSIDAD

El nombre del volcán es
realmente difícil de pronunciar,
pero su significado en islandés
es muy sencillo: 'glaciar de las
montañas de la isla'.

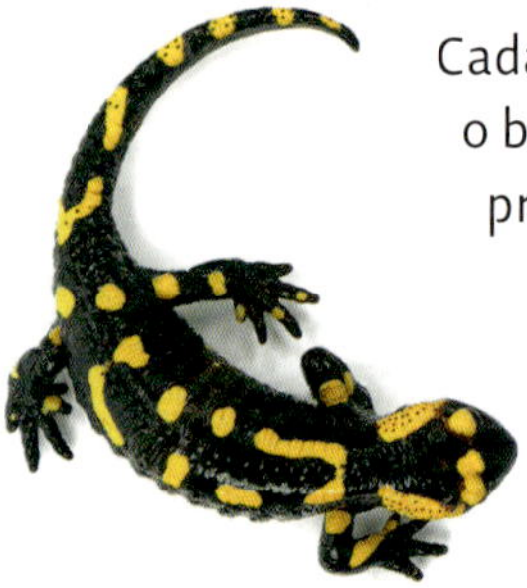

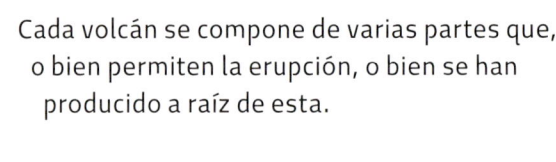

Cada volcán se compone de varias partes que, o bien permiten la erupción, o bien se han producido a raíz de esta.

SE PUEDEN RECONOCER TRES COMPONENTES PRINCIPALES COMUNES A LA MAYORÍA DE LOS VOLCANES.

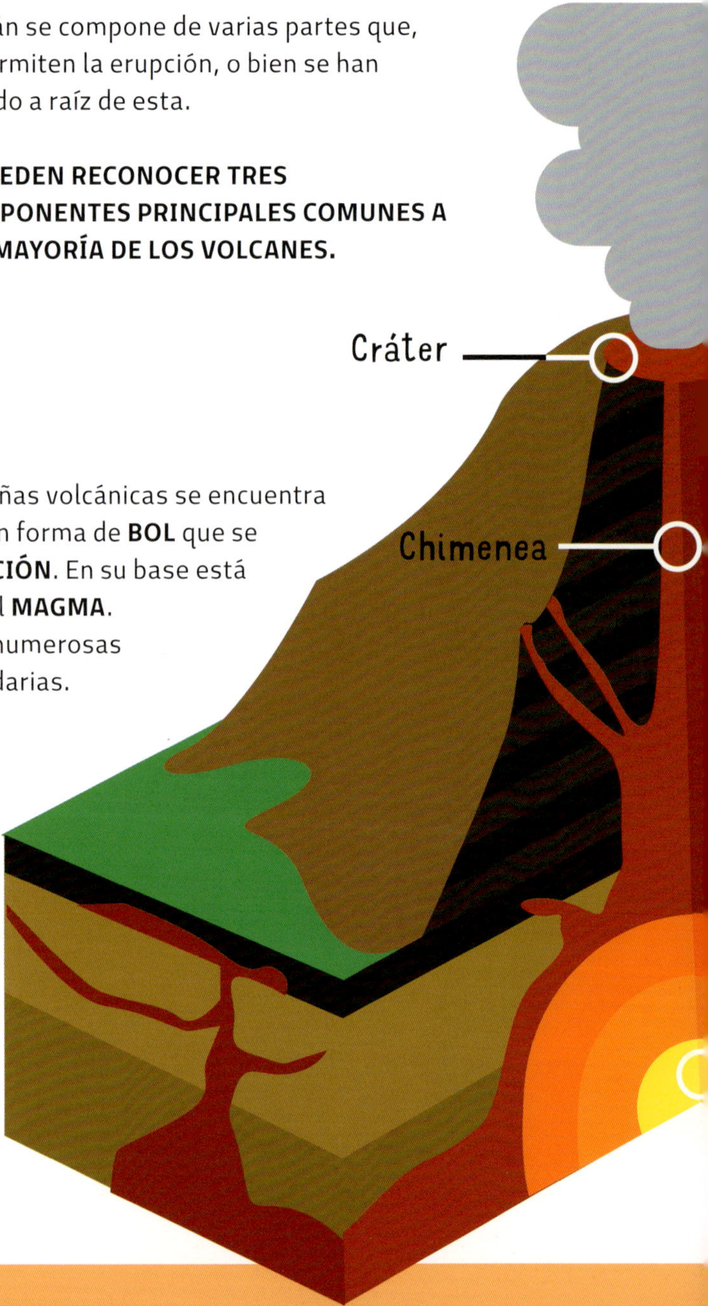

Cráter

En la cima de las montañas volcánicas se encuentra el cráter, una cuenca con forma de **BOL** que se forma durante la **ERUPCIÓN**. En su base está la apertura de salida del **MAGMA**. Un volcán puede tener numerosas salidas laterales secundarias.

Cráter ——○

Chimenea ——○

Los cráteres resisten también después del fin de la erupción, pero, en general, con el tiempo, terminan destruidos por causa de otras erupciones o por la erosión.

Edificio volcánico

Es el cuerpo del volcán, la **ESTRUCTURA** que se parece a una montaña. Normalmente, se asemeja a un cono, pero puede tomar varias formas, según las **EXPLOSIONES** y la cantidad de lava que se solidifique en sus pendientes. En el interior se esconde la **CHIMENEA**, es decir, el pasaje a través del cual se desplaza el magma cuando remonta de las capas más profundas de la tierra.

El edificio volcánico más alto se encuentra en los Andes. Pertenece a Ojos del Salado, de 6 893 metros de altura, pero no es comparable al volcán Olimpo, que está en Marte, el cual ¡supera los 25 kilómetros!

Cámara magmática

Debajo de la chimenea, como al fondo de un pasillo, se abre la **CÁMARA MAGMÁTICA**. Es el depósito donde se acumula el magma y el gas. La fuerte presión que se genera en su interior puede empujar el magma a buscar una vía de escape y provocar la erupción. Una cámara magmática vacía puede derrumbarse y formar una **CALDERA**.

El lago Taupo ocupa la caldera producida por la colosal explosión de un supervolcán neozelandés hace 26 000 años, una de las más grandes de la historia.

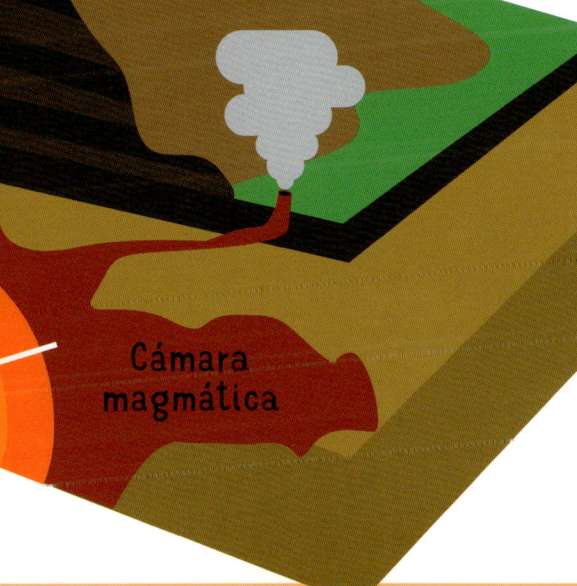

Edificio volcánico

Cámara magmática

COTOPAXI

ALTURA: 5 897 metros

El volcán Cotopaxi tiene la forma de un **CONO PERFECTO**, pero su belleza va a la par con su **PELIGROSIDAD**. De hecho, en los últimos tres siglos se ha activado al menos **50 VECES**, con erupciones que, a menudo, han tenido efectos devastadores debido a las coladas de **LODO HIRVIENDO** que se desplazan a gran velocidad por los empinados flancos de la montaña.
En 1877, estas erupciones recorrieron 100 kilómetros, y se detuvieron solo ante el océano Pacífico y el río Amazonas.

TIPOLOGÍA:
Estratovolcán

LOCALIZACIÓN:
Ecuador

ÚLTIMA ACTIVIDAD:
2016

ARMA LETAL

El lodo hirviendo.

CURIOSIDAD

¡Tiene la forma de un cono perfecto!

NYIRAGONGO

ALTURA: 3 470 metros

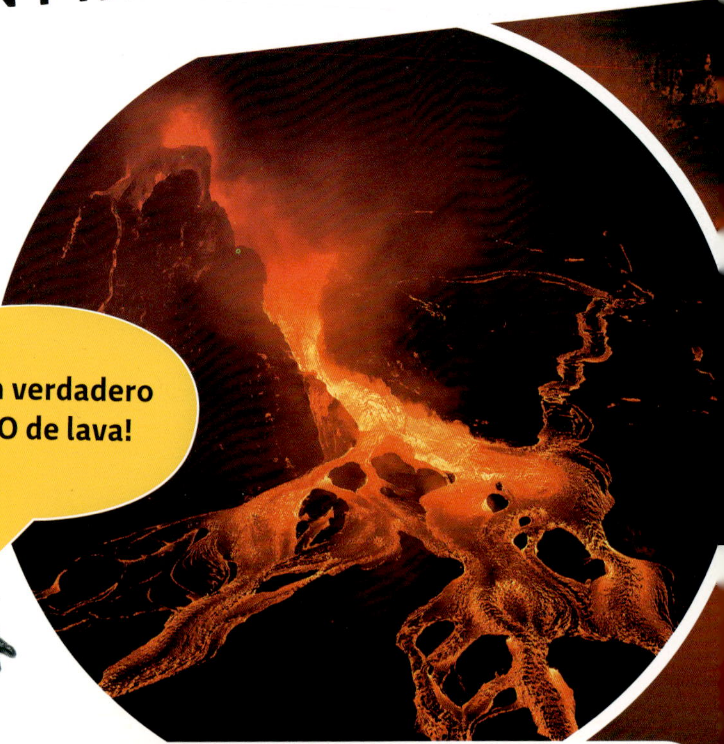

¡Es un verdadero LAGO de lava!

Situado en el Gran Valle del Rift de África, la región donde se desarrollaron los primeros **HOMÍNIDOS**, el Nyiragongo conserva un lago de lava en el interior de su **CRÁTER**. Con un diámetro de 1,2 kilómetros y una profundidad de más de 200 metros, es el lago de lava más grande del mundo. Este lago se va rellenando lentamente y, cuando rebosa, los ríos de **LAVA MUY FLUIDA** que vierte se desplazan rápidamente a lo largo de la ladera del volcán, alcanzan una velocidad de **100 KILÓMETROS POR HORA** y cubren toda el área a su alrededor.

TIPOLOGÍA:
Estratovolcán

LOCALIZACIÓN:
República Democrática del Congo

ÚLTIMA ACTIVIDAD:
2022

ARMA LETAL

¡El gas! ¿Por qué? ¡Para
descubrirlo, tendrás que
responder el test explosivo
al final del libro!

CURIOSIDAD

Está considerado uno de
los volcanes más activos
del mundo.

15

7 MONTE SANTA HELENA

ALTURA: 2 549 metros

¡BOOOOM!

El 18 de mayo de 1980 fue un día memorable para los vulcanólogos. Tras 123 años de estar completamente inactivo, el volcán Santa Helena mostró toda su **POTENCIA DEVASTADORA** con una erupción que destruyó, en solo **3 MINUTOS,** un bosque centenario entero y mató miles de animales. Actualmente, se está formando dentro del volcán un nuevo **DOMO DE LAVA**, que en un futuro próximo podría ocasionar una nueva **ERUPCIÓN EXTREMADAMENTE EXPLOSIVA**.

TIPOLOGÍA:
Estratovolcán

LOCALIZACIÓN:
EE. UU.

ÚLTIMA ACTIVIDAD:
2008

ARMA LETAL

El enorme desprendimiento
de escombros.

CURIOSIDAD

La erupción de 1980 fue el
acontecimiento volcánico más
catastrófico de la historia de
los Estados Unidos de América.

¡ERUPCIONES EXPLOSIVAS!

Cada volcán es diferente al resto, ya que la naturaleza de la lava expulsada puede ser muy variada según la presión a la que esté sometida y la cantidad de **GAS Y POLVO ABRASADOR** que se emita. Así pues, el nivel de peligrosidad entre los más **EXPLOSIVOS** también puede ser diverso. Es por eso que los científicos han creado categorías en función del **NIVEL EXPLOSIVO DE LAS ERUPCIONES**.

LOS NIVELES MÁS ALTOS DE EXPLOSIVIDAD DE LAS ERUPCIONES EN ORDEN CRECIENTE SON...

Estrombolianas

Las erupciones estrombolianas son moderadamente **EXPLOSIVAS**. La lava incandescente se expulsa de manera intermitente desde el cráter que hay en la cima del volcán, y las **SALPICADURAS** dan vida a un espectáculo luminoso, visible especialmente por la noche. Estas erupciones producen muchos **LAPILLI** del tamaño de una nuez.

El volcán italiano Estrómboli, en las islas Eolias, está en constante erupción con pequeñas explosiones a cada hora que lanzan *lapilli* a gran altura.

Vulcanianas

Son de este tipo las erupciones de **LAVA DENSA Y PASTOSA**, a menudo acompañadas por fuertes explosiones. Junto con la lava, normalmente también se emiten grandes cantidades de **CENIZA** y **GAS** que forman nubes en forma de hongo. A menudo se lanzan al aire **BOMBAS VOLCÁNICAS**, es decir, trozos de roca incandescente de, como mínimo, el tamaño de una mano.

Vulcano era el nombre del dios romano del fuego, que, además, era un hábil herrero. Según el mito, daba forma a los rayos de Júpiter en su taller situado... ¡dentro de un volcán!

Peleanas y plinianas

Estas erupciones son las más **DESTRUCTIVAS** y letales, y pueden durar también muchos días. Producen grandes cantidades de **CENIZA** y **GAS** que pueden ser transportadas por el viento a lo largo de muchos kilómetros. A veces, una **NUBE** de ceniza incandescente se precipita con la fuerza de un huracán por las laderas de la montaña y quema, al instante, todo lo que encuentra por su camino.

Las erupciones peleanas son típicas del volcán Pelée, en la isla Martinica. Curiosamente, Pele es el nombre de la terrible diosa hawaiana del fuego que vive... ¡dentro de un volcán!

LAS ROCAS VOLCÁNICAS

Las rocas volcánicas se forman cuando **LA LAVA SE ENFRÍA** a medida que se desplaza por la superficie terrestre.

LA VELOCIDAD DE ENFRIAMIENTO DE LA LAVA DETERMINA EL ASPECTO Y LA CONSISTENCIA DE LAS ROCAS VOLCÁNICAS. AQUÍ TENEMOS TRES EJEMPLOS MUY DIFERENTES ENTRE SÍ.

Basalto

El basalto es la roca volcánica más **COMÚN** de la Tierra y constituye gran parte del **FONDO OCEÁNICO**. Tiene un color bastante oscuro que tiende al negro y está formado por cristales de minerales tan pequeños que son muy difíciles de ver. Eso es porque se enfrían tan rápido que no tienen **TIEMPO** suficiente para crecer. Si quieres observar bien el basalto, ¡usa una lente amplificadora!

A veces, con el rápido enfriamiento, se crean fracturas en la lava que forman verdaderas columnas de basalto.

Obsidiana

Cuando el enfriamiento de la **LAVA** es muy rápido, casi instantáneo, no se llega a formar ningún cristal. La roca adquiere el aspecto liso del **VIDRIO** y sus astillas son igual de cortantes que las de este. Este vidrio volcánico, por lo general de color **NEGRO**, se llama **OBSIDIANA**.

Los fragmentos de obsidiana tienen los bordes afilados y se han usado desde la antigüedad para crear cuchillos, puntas de flecha o de lanza, varios instrumentos de corte y objetos decorativos.

Pumita

La pumita, o piedra pómez, se forma durante las erupciones **EXPLOSIVAS** y, como pasa con la obsidiana, se la considera un **VIDRIO**. Normalmente, es de color claro y puede tener varias dimensiones, desde minúsculas partículas de polvo a bloques grandes como una casa.
Se parece mucho a una **ESPONJA**, por los pequeños poros que dejan los **GASES** atrapados en la lava antes de enfriarse.

Los huecos hacen que esta roca sea más ligera y, si sumergimos la piedra pómez en el agua, funcionan como unos pequeños flotadores ¡que mantienen la piedra a flote!

6

VESUBIO

ALTURA: 1 281 metros

Es un doble volcán.
¿Y eso qué significa?
Lee y descúbrelo.

He aquí el volcán más **FAMOSO DEL MUNDO**: el Vesubio.
Se trata de un **DOBLE VOLCÁN**, porque se ha formado en el interior de un edificio volcánico más antiguo, el monte Somma, y muy pronto será más alto que este. Es el único volcán activo en Europa que no se encuentra en una isla.
Sus erupciones siempre han sido **EXPLOSIVAS**, con lava en rápido movimiento y coladas de **GAS** incandescente.

TIPOLOGÍA:
Estratovolcán

LOCALIZACIÓN:
Italia

ÚLTIMA ACTIVIDAD:
1944

ARMA LETAL

Está considerado como uno de los volcanes más peligrosos del mundo por su proximidad a la ciudad de Nápoles y a los numerosos pueblos construidos en su falda.

CURIOSIDAD

El Vesubio es mundialmente famoso por una erupción en concreto: ¡pasa la página y descubre cuál!

¡ERUPCIONES... HISTÓRICAS!

En el curso de la historia se han producido erupciones devastadoras en varias partes del mundo que han dejado marcas muy evidentes, tanto por los relatos transmitidos a lo largo de generaciones como por las transformaciones del terreno.

¡ESTAS SON DOS INOLVIDABLES ERUPCIONES DEBIDO A SU TERRIBLE EFECTO!

Pompeya

Un acontecimiento volcánico de gran importancia histórica fue el que sucedió en la ciudad romana de **POMPEYA**, en Italia, en el 79 d. C. Sabemos qué pasó porque fue descrito con detalle por **PLINIO EL JOVEN**. El Vesubio entró en erupción y la ciudad quedó **COMPLETAMENTE SEPULTADA** por una gruesa capa de **CENIZA** y **PUMITA** que la ha conservado intacta hasta nuestros días.

Tambora

Aunque ya han transcurrido más de **200 AÑOS**, todavía está vivo el recuerdo de la erupción del volcán indonesio que, en abril de 1815, mató aproximadamente **10 000 PERSONAS**.

La violencia de su erupción empujó el chorro de ceniza y gas al aire a más de 40 kilómetros de altura, ¡y causó cambios climáticos que tuvieron efectos devastadores por todo el mundo!

El polvo abundante presente en la atmósfera oscureció el sol, las precipitaciones aumentaron y toda la superficie de la Tierra se enfrió un poco, de modo que aquel año no hubo verano.

5

CALDERA AIRA (SAKURAJIM

ALTURA: 1 117 metros

Hace 22 000 años, una potente **EXPLOSIÓN** creó la caldera Aira, que tiene un diámetro de 20 kilómetros y hospeda en su interior el **SAKURAJIMA**, el volcán más activo de Japón, de unos 15 000 años. Hoy en día, el Sakurajima está en actividad y emite continuamente a la atmósfera una gran cantidad de **CENIZAS** que caen al suelo según la dirección en la que sople el viento y lo cubren todo, incluso a las personas. Sin embargo, las cenizas hacen que el terreno sea muy **FÉRTIL**.

TIPOLOGÍA:
Caldera

LOCALIZACIÓN:
Japón

ÚLTIMA ACTIVIDAD:
2022

ARMA LETAL

Erupciones muy breves, pero
intensas y frecuentes.

CURIOSIDAD

En sus laderas se cultivan
los rábanos ¡más grandes
del mundo!

POPOCATÉPETL

ALTURA: 5 42<u>6</u> metros

¡Este volcán está ahora mismo en erupción!

'La montaña que echa humo' es lo que significa el nombre **AZTECA** de este volcán, con bastante acierto, al que la gente del lugar también llama **EL POPO**. Además de una altura considerable, el Popo tiene un cráter gigante que mide más de <u>6</u>00 metros de profundidad y unas paredes **MUY ESCARPADAS**. A lo largo de sus **730 000 AÑOS** ha provocado numerosas erupciones catastróficas, tal y como evidencian las rocas de la zona. De la última erupción en el 2004, **TODAVÍA ACTIVA**, sale humo del cráter, el cual asciende entre 1 y 2 kilómetros por encima de la montaña.

TIPOLOGÍA:
Estratovolcán

LOCALIZACIÓN:
México

ÚLTIMA ACTIVIDAD:
2023

ARMA LETAL

Tiene a todo el mundo
alerta por su continua
actividad.

CURIOSIDAD

En la mitología azteca,
Popocatépetl era un guerrero
transformado en volcán
de los dioses.

3

PINATUBO

ALTURA: 1 486 metros

> Descubre por qué este volcán se levantó un día con el pie izquierdo...

El mundo entero conoció bien la existencia de este volcán, sobre todo después de la **VIOLENTA ERUPCIÓN** del 15 junio de 1991, una de las más **GRANDES** del siglo xx.

Se lanzaron a la atmósfera enormes cantidades de **GAS** y **CENIZA** que rápidamente cubrieron un área de más de 100 000 kilómetros cuadrados.

La cantidad de **POLVO** fue tal que modificó el **CLIMA DEL PLANETA**, puesto que la temperatura media de la Tierra se enfrió medio grado durante más de dos años.

TIPOLOGÍA:
Estratovolcán

LOCALIZACIÓN:
Filipinas

ÚLTIMA ACTIVIDAD:
2021

ARMA LETAL

La cantidad de polvo
que fue capaz de
lanzar.

CURIOSIDAD

Antes de la gran erupción,
el volcán había estado
dormido unos 600 años.

2

SANTA MARÍA

ALTURA: 3 772 metros

¡Aquí tenemos el segundo del Top Ten ¿Pero qué volcán será el primero?

Después de más que **500 AÑOS DE INACTIVIDAD**, en el otoño de 1902 se produjo el despertar del volcán Santa María, que ya venía anunciándose unos meses antes con fuertes **TERREMOTOS**.
La erupción, clasificada entre las más **FUERTES** de los últimos 200 años, dio lugar a abundantes explosiones que provocaron coladas de **LAVA** y una **GRIETA** en un lado del volcán, y destruyó gran parte del **CONO**.

TIPOLOGÍA:
Estratovolcán

LOCALIZACIÓN:
Guatemala

ÚLTIMA ACTIVIDAD:
2022

ARMA LETAL

Elevada capacidad destructiva en función de los efectos de la erupción del 1902.

CURIOSIDAD

Se encontró ceniza volcánica procedente de aquella erupción a más que 4 000 kilómetros de distancia.

KRAKATOA

ALTURA: 813 metros

> ¡Los más pequeños son siempre los más peligrosos!

El Krakatoa se encuentra en la cima del Top Ten porqué está considerado **¡EL MÁS PELIGROSO DE TODOS LOS VOLCANES!**
«Renació» dentro de la caldera parcialmente **SUMERGIDA EN EL MAR** que se formó a raíz de una terrorífica erupción a finales de agosto de 1883. La explosión fue tan potente que causó la destrucción de la mayor parte del archipiélago en el que se encontraba el volcán. ¡Se dice que el **ESTRUENDO** se oyó a 5 000 kilómetros de distancia!

TIPOLOGÍA:
Caldera

LOCALIZACIÓN:
Indonesia

ÚLTIMA ACTIVIDAD:
2022

ARMA LETAL

Un estruendo tan fuerte que dañó los tímpanos de las personas que se encontraban a 60 kilómetros del volcán.

CURIOSIDAD

La nube de ceniza emitida llegó a oscurecer el sol en Indonesia durante varios días.

PREGUNTAS EXPLOSIVAS

¡10 VOLCANES, 10 PREGUNTAS! INTENTA RESPONDER ESTAS PREGUNTAS SIN MIEDO A EQUIVOCARTE: SI PASAS A LA SIGUIENTE PÁGINA, ¡DESCUBRIRÁS LA RESPUESTA CORRECTA!

10- ¿QUÉ DAÑOS CAUSÓ LA ÚLTIMA ERUPCIÓN DEL VOLCÁN EYJAFJALLAJÖKULL A LOS HABITANTES LOCALES?

A Quemó sus casas.

B Dañó los cultivos.

C Hizo que el aire fuera irrespirable.

9- ¿QUÉ RARA ESPECIE ANIMAL VIVE EN EL COTOPAXI?

A Colibrí.

B Mariposa.

C Rana.

8- ADEMÁS DE LOS RÍOS DE LAVA, ¿QUÉ MÁS HACE QUE EL NYIRAGONGO SEA TAN LETAL?

A La ceniza incandescente.

B Las rocas que caen.

C Los gases venenosos.

7- ¿CÓMO ERA EL MONTE SANTA HELENA ANTES DE LA ERUPCIÓN DE 1980?

A Más bajo que ahora.

B Más alto que ahora.

C Igual que ahora.

6- ¿QUÉ DISTINGUE AL OBSERVATORIO VULCANOLÓGICO DEL VESUBIO?

A Es el observatorio más antiguo.

B Es el observatorio situado a más altitud.

C Es el observatorio más pequeño.

5- ¿QUÉ SUCEDIÓ DESPUÉS DE LA ERUPCIÓN DE LA CALDERA AIRA EN 1914?

A Se formó una península.

B Se extinguió una rara especie de ave.

C La ceniza caída formó una montaña.

4- ¿QUÉ HAY EN LA BASE DEL VOLCÁN POPOCATÉPETL?

A Lagos de agua salada.

B Grutas y túneles subterráneos.

C Monasterios antiguos.

3- ¿QUÉ ASPECTO TENÍA EL PINATUBO ANTES DE LA ERUPCIÓN DE 1991?

A Tenía una cumbre alta y en punta.

B Tenía forma redonda y había un bosque.

C Era un valle y lo atravesaba un río.

2- ¿QUÉ TIPO DE CULTIVOS HAY A LOS PIES DEL VOLCÁN SANTA MARÍA?

A De maíz.

B De café.

C De arroz.

1- ¿QUÉ OTRO DESASTROSO FENÓMENO CAUSÓ LA ERUPCIÓN DEL KRAKATOA DE 1883?

A Una inundación.

B Un incendio.

C Un tsunami.

RESPUESTAS EXPLOSIVAS

10-B
La erupción del volcán tuvo un fuerte impacto sobre la agricultura en Islandia. Los gases venenosos producidos durante la erupción contaminaron el suelo y el agua, lo que causó daños intensos también para la cría de animales.

9-A
En la ladera del Cotopaxi se ha descubierto un raro colibrí, el *Oreotrochilus chimborazo*, de apenas 12 centímetros, que nidifica a más de 4 000 metros de altura.

8-C
El suelo del volcán emana dióxido de carbono, llamado «mazuku» por los locales, el cual resulta mortal si no se dispersa rápidamente con el viento.

7-B
Antes de entrar en erupción, el volcán Santa Helena medía 2 949 metros. Después de la fuerte explosión, en su cumbre se produjo el desprendimiento más grande de la historia, que hizo que la montaña perdiera 400 metros de altura.

6-A Construido por voluntad del rey Fernando II de las Dos Sicilias, de la casa de los de Borbones, el Observatorio Vesubiano está funcionando desde 1841, por lo que fue el primero del mundo en su género. Aquí tuvo lugar la primera investigación vulcanológica y sísmica.

5-A La erupción de 1914 fue tan potente que la isla sobre la que se encontraba el volcán absorbió otras pequeñas islas vecinas y se transformó, finalmente, en una península conectada al continente.

4-C En las faldas del Popocatépetl se encuentran numerosos monasterios construidos por distintas órdenes monásticas a principios del siglo xvi y que, actualmente, forman parte del Patrimonio Mundial de la Humanidad.

3-B Antes de 1991, el volcán Pinatubo estaba formado por varias colinas bajas muy erosionadas y cubiertas de bosques. Después de la erupción se formó en su cumbre una pequeña caldera cuyo fondo está cubierto por un lago.

2-B A pesar del peligro que les acecha, muchas personas viven en la falda del volcán Santa María y explotan su suelo fértil, que es particularmente adecuado para cultivar un café muy apreciado.

1-C El derrumbe del edificio volcánico hizo caer al mar tal cantidad de roca que creó olas de tsunami de hasta 40 metros de altura.

CRISTINA BANFI

Licenciada en Ciencias Naturales en la Universidad de Milán, ha enseñado en varias instituciones escolares. Hace más de 20 años que trabaja en comunicación científica y ludodidáctica y ha publicado varios libros, tanto didácticos como divulgativos, especialmente para el público infantil y juvenil.
En los últimos años, ha publicado
varios títulos para White Star.

REFERENCIAS FOTOGRÁFICAS

Todas las fotografías son de Shutterstock excepto las siguientes: Getty Images pág. 16 a derecha, 19 superior, 21 inferior, 30-31, 32-33; White Star pág. 24; NASA pág. 25.

Título original: *Top Ten: I dieci vulcani più esplosivi*
© White Star s.r.l., 2023
  Piazzale Luigi Cadorna, 6
  20123 Milán, Italia
  www.whitestar.it
  WS White Star Kids® es una marca registrada propiedad de White Star s.r.l.
© Traducción: Paula Soriano García, 2023
© Algar Editorial
  Apartado de correos 225 - 46600 Alzira
  www.algareditorial.com
Impreso en China

1.ª edición: marzo, 2024
ISBN: 978-84-9142-686-8
DL: V-2045-2023